MOTION
FAITE PAR M. LE TELLIER,

DANS l'Assemblée générale du District de Saint-Etienne-du-Mont.

MOTION

FAITE par M. LE TELLIER, *dans l'Assemblée générale des Citoyens du District de Saint-Etienne-du-Mont.*

Du Samedi 5 Septembre 1789.

MESSIEURS,

MALGRÉ les efforts qui ont été faits, dans l'Assemblée d'hier, pour vous réduire à la nullité, sur la plus importante question qui puisse occuper des citoyens, la question de savoir si le Roi, ou plutôt ses ministres, ou plutôt ceux qui font & défont les ministres ; c'est-à-dire, les courtisans, les flatteurs & les ambitieux, auront ou n'auront pas le droit d'empêcher la Nation de faire ses loix, ou de refuser leur acquiescement, leur consentement, leur *sanction*, aux loix que la Nation aura faites par ses Représentans ; vous avez heureusement & salutairement décidé, MESSIEURS, que cette question seroit mise en délibération.

Avant de délibérer sur cette question, quelques membres ont demandé que l'on exposât clairement la question du *veto* ou de la sanction royale.

Le mot *veto* est un mot latin qui signifie je défends, j'interdis, j'empêche ; ainsi le droit du *veto*, accordé au Roi, seroit celui d'empêcher que les arrêtés de la majorité, de l'unanimité même des Représentans de la Nation ne devinssent des loix ; en vain toute la France, moins le Roi, voudroit-elle une chose, le Roi ne la voulant pas, sa volonté seule annulleroit la volonté de toute la France. Voilà quel seroit l'effet du *veto*, il empêcheroit la volonté générale, universelle, même de s'exécuter.

La nécessité de la *sanction* royale auroit le même effet ; car, si la volonté générale ne pouvoit avoir force de loi, sans le consentement du Roi, sans son adhésion, sans sa *sanction* enfin, le refus de cette *sanction*, de cette adhésion, de ce consentement du Roi, annihileroit la volonté générale; la loi seroit non plus un acte, mais un projet d'acte inutilement souscrit par tous les François, si le Roi refusoit de le souscrire.

Lorsqu'on vous demande si vous voulez que le Roi ait le droit du *veto*, c'est comme si l'on vous demandoit si vous voulez que l'Assemblée Nationale ne puisse rien statuer, rien arrêter, rien résoudre sans le bon plaisir du Roi; ou du moins que ses statuts, ses décrets, ses résolutions deviennent nulles & de nul effet, si le Roi défend que ces résolutions soient exécutées, ou s'il refuse d'y souscrire. On vous disoit hier que vous *paralyseriez* l'Assemblée Nationale, en priant cette Assemblée de ne pas prononcer en ce moment sur le *veto*, sur la *sanction* royale: eh bien! MESSIEURS, je vous dis aujourd'hui que la Nation Françoise seroit *paralysée*, si le *veto* étoit accordé au Roi, si rien de ce que les Représentans de la Nation auront arrêté, ne pouvoit être exécuté sans le bon plaisir & le consentement ou la *sanction* du Roi.

Vous ne pouvez, MESSIEURS, vous flatter d'avoir parfaitement & complétement saisi cette question, si vous ne saisissez la différence des différens pouvoirs; le pouvoir législatif, le pouvoir exécutif, & le pouvoir administratif & judiciaire.

Je vais essayer de les définir.

Le pouvoir législatif est celui de *faire des conventions obligatoires pour la totalité des membres d'une même société*. La base de ce pouvoir est, si vous le voulez, la force; mais, pour ne pas employer ce mot, qui rapelle l'idée de contrainte, disons que la *volonté générale* est le principe du pouvoir législatif; c'est l'union des volontés qui constitue ce pouvoir, c'est l'union des forces qui le maintient.

La volonté générale n'est pas toujours la volonté de tous; mais il suffit que ce soit celle du plus grand nombre; c'est ce que l'on appelle la *majorité*. La volonté du moindre nombre s'appelle la *minorité*.

Vous faites chaque jour, MESSIEURS, usage de ce pouvoir; tous les actes de vos Assemblées sont l'ouvrage de la *majorité*;

c'est-à-dire, du plus grand nombre des citoyens présens à vos Assemblées.

Mais vos Assemblées different de l'Assemblée Nationale en ce point essentiel, que vos Assemblées sont des parties, tandis que l'Assemblée Nationale est un tout.

Pour que vos Assemblées partielles fussent parfaites, il faudroit que tous les habitans du District fussent présens & qu'ils donnassent leurs voix ; pour que l'Assemblée Nationale fût parfaite, il faudroit que tous les habitans du royaume fussent présens & donnassent leurs voix ; le dernier est impossible.

Cependant vos Assemblées partielles acquerent toute la perfection qu'elles peuvent avoir, par la convocation publique. Cette convocation faite, les habitans du District qui ne se trouvent point à une Assemblée sont censés consentir à ce qui sera décidé par le plus grand nombre de ceux qui la composent, & cette décision de la *majorité* est une loi obligatoire, non-seulement pour la portion de l'Assemblée qui n'a pas été de l'avis du plus grand nombre, mais encore pour tous ceux qui n'auroient pas été de cet avis, s'ils eussent été présens lors de la décision.

L'Assemblée Nationale a toute la perfection qu'elle peut avoir, en ce que tous les habitans du royaume ont été convoqués. Quand je dis *tous*, j'entends ceux qui, dans l'ancien régime, étoient en possession du droit d'élire ou de nommer des Représentans ; & vous concevez-bien, MESSIEURS, que je suis loin de croire que cette possession soit un titre d'exclusion, dans les futures convocations, pour la classe innombrable des citoyens non représentés.

Mais quelque vicieuse que soit la formation actuelle de l'Assemblée Nationale, quelqu'inégalité qui existe dans la représentation de toutes les classes de la société, comme il ne s'agit point de composer une nouvelle Assemblée de Représentans, mais de décider si cette Assemblée, telle qu'elle est composée, accordera au Roi le pouvoir d'annuller ses décisions, ou de se refuser à l'exécution des arrêtés de la majorité des Représentans actuels de la Nation, je crois vous avoir mis en état de saisir & de décider cette question ; & si vous concevez bien la définition que j'ai faite du pouvoir législatif, *celui de faire des conventions obligatoires pour tous les membres d'une même société*, je passerai à la définition du pouvoir exécutif.

Le pouvoir exécutif est celui de *réduire en acte la volonté générale.*

Ce pouvoir a besoin d'un chef; car vous sentez, MESSIEURS, que si chacun de nous vouloit commander, il ne pourroit se former aucune union de force.

Nous convenons tous que le chef de cette union doit être obéi. Et pourquoi lui déférons-nous l'obéissance ? Parce que nous sommes persuadés qu'il n'emploiera pas nos propres forces contre nous-mêmes, mais contre nos ennemis. Il ne s'agit donc plus que de distinguer quels sont nos ennemis, & par-là nous réglerons l'usage que le chef de l'union doit faire de nos forces.

Nos ennemis sont les nations étrangeres qui tenteroient de nous dépouiller, ou qui violeroient nos droits.

Nos ennemis sont les membres de notre propre société, qui troubleroient la paix de cette même société.

Nos ennemis font les mauvais citoyens, qui, jouiffant des avantages communs, du bénéfice des conventions fociales, tenteroient de fe fouftraire aux obligations réciproques, & refuferoient de contribuer, fuivant leurs facultés, au bien-être commun.

En nous armant contre ces ennemis, le chef de l'union ne fait qu'exécuter notre volonté propre, & lorfque nous lui obéiffons, nous obéiffons à nous-mêmes; fon pouvoir eft un pouvoir conféré par nous, qui fommes la force de tous les pouvoirs.

La force exécutrice, le pouvoir exécutif, la puiffance militaire, font une feule & même chofe; & le droit de commander, d'employer, d'adminiftrer, de diriger cette force, ce pouvoir, cette puiffance, n'eft point un apanage, mais un attribut de la royauté.

La royauté n'eft que ce que la Nation la fait; la Nation a le droit d'inftituer, de modifier le pouvoir royal; & cette inftitution, ces modifications font effentiellement partie de la conftitution du royaume, de la grande convention, que l'on appelle chartre nationale; c'eft-à-dire, le pacte entre la Nation & le Roi.

La Nation seule est souveraine ; elle seule a le droit de se donner des loix, quand elle les a faites, & qu'elle a institué un représentant de la souveraineté ; quand elle a réglé les conditions auxquelles elle veut obéir, c'est au représentant qu'elle institue à se décider s'il veut accepter ou non les conditions auxquelles le commandement lui est déféré. Il est libre, sans doute, d'opter entre le titre de Roi & celui de sujet ; on ne peut le forcer à régner ; mais s'il accepte la couronne, s'il prend le sceptre en main, s'il s'arme de l'épée que la Nation lui donne, c'est pour la défendre contre ses ennemis ; c'est pour faire exécuter les conventions réciproques de la nation avec les autres nations, & de chaque citoyen avec les autres citoyens ; car le pouvoir lui est confié pour que la volonté du plus grand nombre soit exécutée.

Il me reste à définir les pouvoirs administratif & judiciaire ; ceci est une opinion qui peut-être m'est personnelle.

Le pouvoir administratif est celui *d'assigner les devoirs & de distribuer les fonctions de chaque citoyen*, de maniere que chacun contribue, suivant ses facultés, à la défense, à la sûreté, à la conservation, à l'amélioration de la chose publique.

Le pouvoir judiciaire est celui de *faire l'application des loix, & de prononcer sur les différentes infractions qui peuvent y être faites.*

On peut détacher ces pouvoirs du pouvoir royal, on peut les y joindre; l'administration royale peut être restreinte au commandement des forces militaires; la Nation peut se réserver le droit d'élire ses administrateurs & ses magistrats.

Si l'expérience n'avoit pas démontré que les meilleurs Rois ont souvent choisi de mauvais ministres & de mauvais magistrats, on pourroit hésiter à prononcer sur cette importante question; mais elle n'est plus douteuse, & le Roi qui ne peut être gêné dans le choix des généraux, dans celui des membres de son conseil privé, ne peut, sans compromettre le bonheur de la Nation, la dépouiller du droit d'organiser les conseils d'état, de justice, des finances & du commerce, ainsi que les tribunaux; qu'il en soit le préfident né, mais qu'il abandonne à la Nation le choix des adminiſtrateurs & des juges, il fera ſon bonheur & celui du peuple françois.

On peut modifier les pouvoirs adminiſtratif & judiciaire, en ſéparant le droit de préſentation du droit d'élection parmi les préſentés. Dans ce cas, vous penſerez, je crois, MESSIEURS, que c'eſt au peuple à préſenter les candidats.

Mais ce n'eſt point ce que vous avez à décider. Vous avez vu, MESSIEURS, les inconvéniens du pouvoir d'empêcher l'effet de la volonté générale, par le *veto* abſolu, ou par le refus de *ſanction* ; il vous reſte à examiner ſi ce pouvoir négatif ne peut pas être rendu tellement conditionnel, que ſon effet ſoit ſalutaire au lieu d'être nuiſible.

Suppoſez, pour un moment, MESSIEURS, que les Repréſentans de la Nation arrêtaſſent une convention à la ſimple majorité d'une voix, il ſeroit poſſible que cet arrêté occaſionnât quelque ſciſſion, quelque fermentation, quelque trouble dans le royaume ; ne croyez-vous pas, MESSIEURS, que, dans ce cas, le Représentant de la souveraineté devroit intervenir & demander, ou que la question fût remise en délibération, ou qu'une nouvelle Assemblée l'examinât & la jugeât ; ce seroit accorder au Roi le droit du *veto suspensif*.

Pour en prévenir l'abus, il ne s'agiroit que d'en régler l'usage, & de distinguer l'espece de loix auxquelles ils seroit applicable.

Par exemple, on sent qu'il ne peut avoir d'application à la *constitution* proprement dite. Cette *constitution* étant l'institution même de la forme du gouvernement, le Roi ne peut avoir, sur cet objet, que le droit d'option.

Mais, sur les loix secondaires & d'administration, ne pourroit-on pas convenir que celles qui n'auroient pas obtenu les deux tiers ou les trois cinquiemes, ou les sept douziemes des voix de l'Assemblée votante, seroient susceptibles ou de revision ou d'examen dans une nouvelle Assemblée ?

Nous ne pouvons, sur ces modifications, que nous en rapporter à l'Assemblée Nationale ; c'est pourquoi je conclus *à ce que* les Répréfentans actuels de la Commune foient priés de députer fix de leurs Membres, un de chaque divifion, pour fupplier l'Affemblée Nationale de réferver la décifion fur le VETO, même fufpenfif & conditionnel, ou la SANCTION ROYALE, pour le dernier objet de leurs délibérations, afin que l'opinion publique & les vœux particuliers de tous les Diſtricts de Paris & de toutes les provinces du royaume, fur cette importante queftion, aient le tems de fe manifefter; &, dans le cas de refus de l'Affemblée des Repréfentans de la Commune, à ce que copie de votre arrêté foit remis au Préfident de l'Affemblée Nationale, par des Députés du Diſtrict.

www.ingramcontent.com/pod-product-compliance
Lightning Source LLC
Chambersburg PA
CBHW061612040426
42450CB00010B/2444